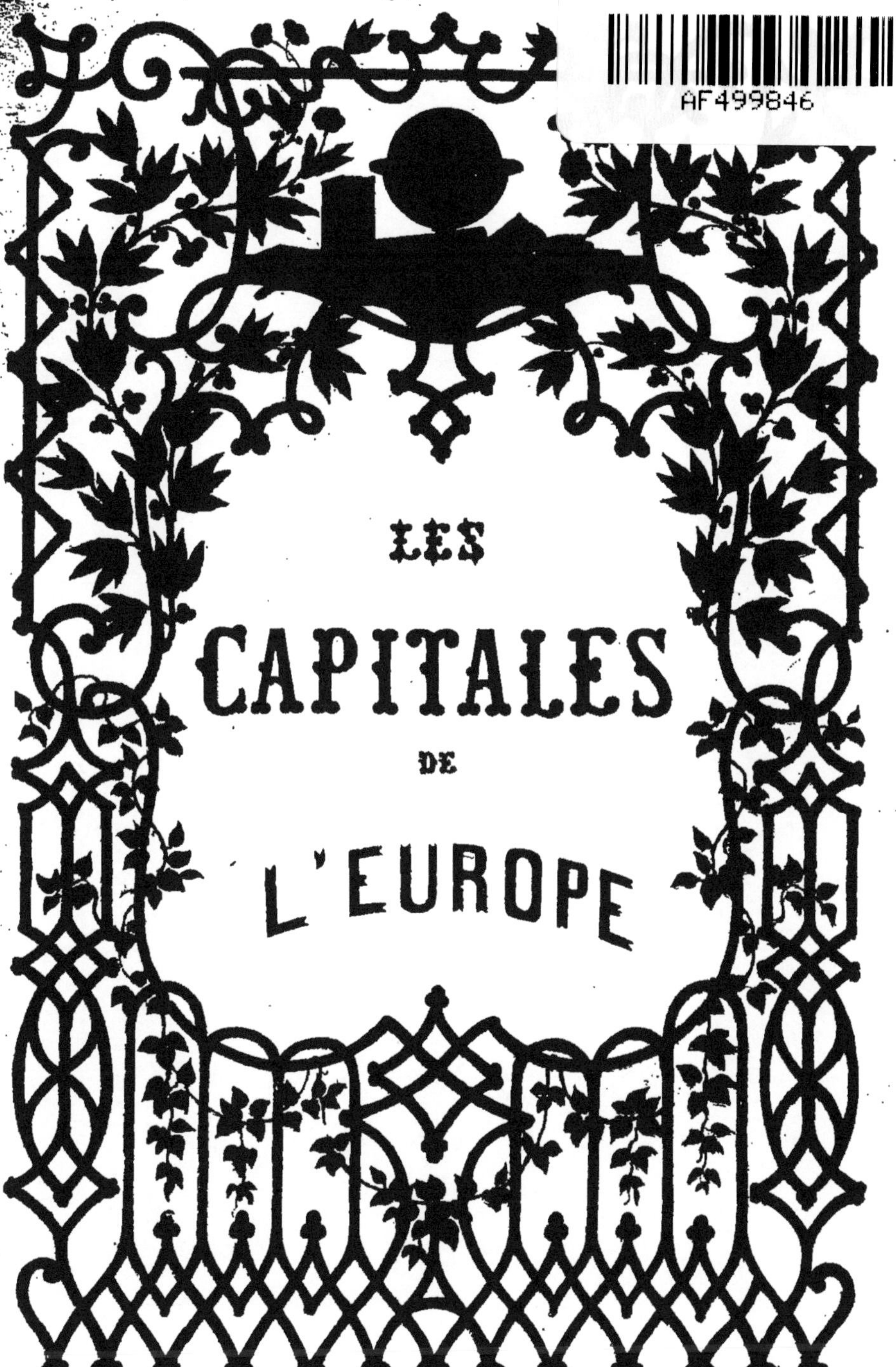

Chromolith Engelmann & Graf à Paris

CAPITALES

DE

L'EUROPE.

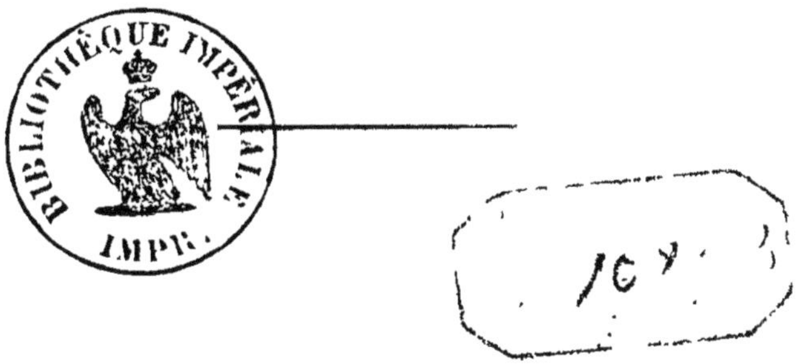

L'Europe est une des cinq parties du monde et la plus petite, mais elle occupe le premier rang par la civilisation.

Selon la mythologie, Jupiter transporta Europe, fille d'Agénor et sœur de Cadmus, dans cette partie du monde, à laquelle elle donna son nom.

L'Europe est entourée d'eau de tous côtés, excepté à l'est où elle touche à l'Asie; au nord et à l'ouest, l'Océan baigne ses côtes; au midi s'étend la Méditerranée, qui la sépare de l'Afrique et de l'Asie; à l'est, les monts Ourals, le fleuve Oural et la mer Caspienne la font communiquer avec l'Asie.

L'Europe se divise en 16 contrées principales, savoir :

Trois au Nord.

Les Iles Britanniques (ANGLETERRE, ÉCOSSE et IRLANDE), Capitale LONDRES.

LE DANEMARCK	—	COPENHAGUE.
LA SUÈDE et la NORWÉGE. . .	—	STOCKOLM.

Une au Nord-Est.

La RUSSIE d'Europe et la POLOGNE, capitale SAINT-PÉTERSBOURG.

Sept au Centre.

LA FRANCE.	Capitale	PARIS.
LA HOLLANDE.	—	LA HAYE.
LA BELGIQUE	—	BRUXELLES.

La CONFÉDÉRATION SUISSE, qui se compose de 22 cantons, dont les principales villes sont : ZURICH, BERNE, LUCERNE, BALE, LAUSANNE, GENÈVE.

La CONFÉDÉRATION GERMANIQUE qui, outre une partie de l'Autriche et de la Prusse, renferme 4 royaumes, un électorat, 7 grands duchés et 4 villes libres.

Les 4 royaumes sont :

LA BAVIÈRE.	—	MUNICH.
LE WURTEMBERG	—	STUTTGARD.
LE HANOVRE	—	HANOVRE.
LA SAXE	—	DRESDE.
LA PRUSSE	—	BERLIN.
L'AUTRICHE	—	VIENNE.

Cinq au Sud.

L'Italie, qui se divise en neuf États, dont quatre grands et cinq petits. Les quatre grands sont :

1° Le royaume de SARDAIGNE....	Capitale	TURIN.
2° Le grand-duché de TOSCANE....	—	FLORENCE.
3° Les ÉTATS DE L'EGLISE......	—	ROME.
4° Le royaume des DEUX-SICILES .	—	NAPLES.
L'ESPAGNE..............	—	MADRID.
LE PORTUGAL............	Capitale	LISBONNE.
LA TURQUIE d'Europe........	—	CONSTANTINOPLE.
LA GRÈCE..............	—	ATHÈNES.

La plus grande étendue de l'Europe est en longueur de 5,800 kilomètres du S-O (cap Saint-Vincent, Portugal) , au N.-E. (golfe de Kara, Russie), et en largeur de 4,000 kilomètres (cap Nos-Kunn. Norwège), au S. (cap. Matapan, Grèce).

CONTRÉES.	GOUVERNEMENTS.	RELIGIONS.
1.—**Iles Britanniques.**	Monarchie constitutionnelle.	Anglicane, branche du protestantime.
2.—**Danemarck.**	Monarchie absolue.	Luthéranisme.
3.—**Suède** et **Norwége.**	Monarchie constitutionnelle.	«
4.—**Russie d'Europe** et **Pologne.**	Monarchie absolue.	Christianisme grec.
5.—**France.**	Monarchie constitutionnelle.	Catholicisme.
6.—**Hollande.**	« «	Protestantisme.
7.—**Belgique.**	« «	Catholicisme
8 —**Confédération Suisse.**	République fédérative.	Catholicisme, Calvinisme.
9 —**Confédération Germanique** (1).		
BAVIÈRE.	Monarchie constitutionnelle.	Catholicisme,
WURTEMBERG.	« «	Luthéranisme.
HANOVRE.	Monarchie absolue.	Protestantisme.
SAXE.	Monarchie constitutionnelle.	»
10.—**Prusse.**	» «	Luthéranisme.
11.—**Autriche.**	Monarchie absolue.	Catholicisme.
12 —**Italie** (2).		
SARDAIGNE.	Monarchie constitutionnelle.	Catholicisme.
TOSCANE.	« «	«
ÉTATS DE L'ÉGLISE.	(Ces États sont gouvernés par le Pape.)	«
DEUX-SICILES.	Monarchie constitutionnelle.	«
13.—**Espagne.**	« «	«
14.—**Portugal.**	« «	«
15.—**Turquie d'Europe.**	Monarchie despotique.	Mahométisme.
16.—**Grèce.**	Monarchie constitutionnelle.	Christianisme grec

(1) Cette confédération comprend 39 États, dont 4 villes libres. Ces États sont placés sous le protectorat de l'Empereur d'Autriche; la Diète réside à Francfort sur-le-Mein.

(2) Se divise en 9 États, dont 4 grands et 5 petits.

VILLES PRINCIPALES.	POPULATIONS.
Londres, Liverpool, Manchester, Birmingham, Bristol, Oxford, Portsmouth, Edimbourg, Dublin.	23,215,000
Copenhague, Elseneur, Altona.	1,987,000
Stockholm, Upsal, Christiania, Drontheim.	4,360,000
Saint-Pétersbourg, Moscou, Riga, Kazam, Astrakam, Odessa, Varsovie.	52,067,000
Paris, Lille, Strasbourg, Rouen, Nantes, Lyon, Bordeaux, Toulouse, Marseille, Le Havre, Brest, Toulon.	34,600,000
La Haye, Amsterdam, Utrecht, Nimègue, Leyde, Maestricht, Rotterdam.	2,400,000
Bruxelles, Anvers, Malines, Gand, Namur, Liége, Mons.	3,600,000
Zurich, Berne, Lucerne, Bâle, Lausanne, Genève.	1,700,000
Munich, Bamberg, Ingolstad, Laudshut.	4,070,000
Stuttgard, Rothombourg.	
Ha ovre, Lunébourg, Osnabruck.	1,670,000
Dresde, Leipsick.	
Berlin, Cologne, Coblentz, Aix-la-Chapelle, Magdebourg, Postdam, Kœnitzberg et Dantzick,	12,500,000
Vienne, Prague, Pesth, Gratz, Lemberg, Bergame, Carstadt, OEdimbourg.	32,000 000
Turin, Alexandrie, Chambéry, Gênes, Nice, Cagliari.	4,400,000
Florence, Pise, Sienne.	1,400,000
Rome, Bologne, Ravenne, Ancône, Civita-Vecchia, Ferrare.	2,425,000
Naples, Salerne, Tarente, Messine, Catane.	7,000,000
Madrid, Oviédo, Pampelume, Sarragosse, Barcelonne, Badajoz, Burgos, Valence, Çordoue, Grenade.	11,800,000
Lisbonne, Braga, Porto, Miranda, Paro, Évoro.	4,000,000
Constantinople, Jassy, Buckarest, Gallipoli, Andrinople, Janina.	9,800,000
Athènes, Théva (ancienne Thêbes), Napoli de Romanie, Argos, Corinthe, Navarin	1,000,000

CAPITALES ET VILLES REMARQUABLES
DE L'EUROPE.

Contrées du Nord.

LONDRES.

Elle est située sur les bords de la Tamise; elle a 9,000 rues, 165,000 maisons, 125 églises paroissiales, 120 chapelles auglicanes, 40 temples, d'autres cultes chrétiens, 6 synagogues, 2,000,000 d'habitants. La ville est régulière et bien bâtie, presque toutes les rues ont des trottoirs et sont éclairées au gaz : on y remarque les ponts de Waterloo, de Westminster, le tunnel, ou galerie souterraine construite sous la Tamise, le parc de Saint-James, le parc zoologique, la cathédrale de Saint-Paul, l'abbaye de Westminster, le château de Witehall où fut décapité Charles Ier, la tour de Londres; on y trouve en outre beaucoup d'établissements scientifiques, de théâtres et de musées. L'industrie se concentre surtout dans la confection des étoffes, dans la fabrication du fer; le commerce y est immense; le port de Londres contient une foule innombrable de vaisseaux.—Bourg à peine connu sous les Romains, Londres devint capitale de l'Essex, un des sept royaumes formés par les chefs danois en Angleterre. Alfred en fit la capitale de tout le pays. Dans la suite, l'épidémie enleva ses habitants (1665); l'année suivante, un affreux incendie dévora 30,000 maisons. Reconstruite à la suite de ces deux calamités, c'est de cette époque que datent sa beauté et sa régularité. Londres a vu naître Bacon le philosophe; Milton, chantre du *Paradis perdu*; Pope, Pitt, Fox, Byron.

COPENHAGUE.

Capitale du Danemarck, elle est bâtie sur deux îles séparées par un petit bras de mer qui forme un superbe port; elle comprend la ville vieille et la ville neuve. Elle possède un grand nombre d'établissements d'instruction publique très importants, d'immenses fabriques et de beaux chantiers de constructions; elle compte 110,000 habitants.

Fondée en 1043, elle ne fut d'abord qu'un hameau ; elle ne devint capitale qu'en 1443, fut brûlée en 1728 et en 1795. Les Anglais la bombardèrent injustement en 1807. 2,000 habitants périrent dans ce bombardement.

STOCKHOLM.

Située entre le lac Mœlar et la Baltique, port vaste et sûr, mais de difficile accès. 10 quartiers, 14 ponts, superbe palais royal. opéra, monnaie, hôtel de ville. Du reste, la ville est irrégulière et assez mal bâtie. Sites pittoresques. Ses établissements scientifiques sont renommés; elle a une belle bibliothèque et une riche collection de tableaux.

Stockholm, fondée au XIIIe siècle, ne devint capitale qu'au XVIIe siècle (Upsal l'était auparavant). En 1520, Christiern II, pour consolider son empire, massacra la plus grande partie de ses habitants, ce qui n'empêcha pas Gustave-Wasa de s'emparer du trône.

SAINT-PÉTERSBOURG.

Bâtie près de la Néva, à son embouchure, dans le golfe de Finlande, port vaste, quoique peu profond; ses rues sont larges et régulières, ses quais magnifiques, ses édifices superbes. La Néva forme plusieurs îles, et partage la ville en cinq quartiers. Parmi les monuments, on remarque l'hôtel de ville, les églises de Notre-Dame-de-Kazan, de Saint-Pierre et Saint-Paul, de Saint-Isaac. Saint-

Pétersbourg possède en outre nombre de belles places. 4 académies, 1 université et 15 sociétés savantes, des musées remarquables, plusieurs bibliothèques, observatoire, cabinet d'histoire naturelle. Le climat est très-froid, et la ville sujette aux inondations. L'industrie y est peu développée et le commerce très-grand, surtout celui des fourrures.

. Fondée, en 1703, par Pierre-le-Grand, Saint-Pétersbourg, par sa situation, a contribué pour beaucoup à faire de la Russie un empire maritime et européen. En 1824, elle fut presque totalement submergée.

Contrées du Centre.

PARIS.

Paris est situé sur la Seine, qui le coupe en deux parties inégales, dont la plus forte est au nord, et qui y forme trois îles : la cité, l'île Saint-Louis, l'île Louviers. Il est la résidence habituelle de l'Empereur, du Corps-Législatif, du Sénat et des grands Corps de l'État. Il se divise en 12 arrondissements subdivisés en 48 quartiers. On y compte 60 places, 1,100 rues, 10 ports, 24 ponts, 35 quais, 6 halles, 38 marchés, 39 églises, plusieurs temples protestants, 1 synagogue, 90 fontaines monumentales, 20 hôpitaux, 1 canal, une grande quantité de chemins de fer reliant Paris aux grands centres de la France et aux contrées voisines. Parmi les places, nous nommerons celles du Carrousel, de la Concorde où est l'obélisque de Louqsor, la place Vendôme ; parmi les rues, celles de Rivoli, de Castiglione et de la Paix ; parmi les promenades, le jardin des Tuileries, du Luxembourg, le jardin des Plantes, l'avenue des Champs-Élysées ; parmi les édifices : le Louvre, les Tuileries, le Palais-Royal, le palais du Sénat et celui du Corps-Législatif, le Panthéon, l'hôtel de ville, l'arc-de-triomphe de l'Étoile. On trouve, à Paris, des établissements d'instruction de tout genre, des sociétés savantes. Son industrie est immense et variée, elle embrasse les tissus de toute espèce et toute sorte d'ornements en bronze, porcelaine, objets de bijouterie, de bimbelotterie, tabletterie, etc.

Cette ville éprouva tous les changements de fortune; simple bourg sous les Barbares, Julien l'apostat la choisit pour sa résidence. Dans la suite elle ne fut plus rien. Sous Charlemagne, ce n'était que le chef-lieu d'un comté. Assiégée pendant treize mois par les Normands (885), elle ne dut son salut qu'à Eudes et à l'évêque Gosselin. Une horrible famine décima sa population (940). Elle tomba aux mains du roi d'Angleterre en 1420, fut reprise en 1436. Le massacre de la Saint Barthélemy, les fureurs de la ligue, ravagèrent sa population. Elle fut deux fois assiégée par Henri IV qui, après l'avoir conquise, l'embellit ainsi que ses successeurs. Paris eut en outre beaucoup à souffrir de la révolution de 1793.

LA HAYE.

C'est une des plus belles villes de l'Europe. Nombreux canaux, belles plantations, rues superbes (parmi lesquelles la Prinzengracht). Plusieurs édifices, tels que le palais du roi, celui des États-Généraux, la Bourse. Industrie développée et commerce étendu.

La Haye n'était, au IXe siècle, qu'un hameau. En 1250, elle devint le siége du gouvernement de Hollande. Elle perdit le titre de capitale en 1806, Napoléon le transférant à Amsterdam. Elle le reprit en 1814. Elle compte 55,000 habitants.

AMSTERDAM.

Elle est située sur l'Amstel qui lui donne son nom, et sur le golfe de l'Y. 210,000 habitants. Elle est entièrement bâtie sur pilotis, sillonnée par un grand nombre de canaux qui la partagent en 90 îles qu'unissent 280 ponts. Commerce étendu, nombreux établissements scientifiques.

Simple village au XIIIe siècle, elle se déclara, en 1520, pour les Indépendants contre l'Espagne, alors maîtresse de la Hollande. C'est de cette époque que date sa puissance. Prise en 1795 par les Français, elle devint capitale du nouveau royaume de Hollande. Elle fut, en 1814, rendue au roi des Pays-Bas. Quoiqu'elle soit toujours la ville principale de Hollande, elle n'en est plus la capitale.

BRUXELLES.

Elle compte 100,000 habitants. La ville est une des plus belles qu'on puisse visiter. Ses églises, ses palais royaux, ses promenades sont des plus remarquables; elle a beaucoup d'établissements scientifiques. Son commerce est très-étendu.

Fondée au VIIe siècle, elle acquit de l'importance au Xe. Capitale des Provinces-Unies, puis du royaume de Belgique, elle appartint à la France de 1795 à 1814. Elle fut bombardée en 1695 par les Français.

GENÈVE.

Ville située à l'extrémité du lac Léman, près du confluent du Rhône et de l'Arve. Belle cathédrale de Saint-Pierre, hôtel-de-ville, quatre ponts. Le commerce de cette ville est fort étendu.

Elle appartint aux Allobroges, aux Burgondes, au duc de Savoie, secoua le joug en 1524, fut opprimée sous Calvin dont elle embrassa la réforme. Prise par les Français, elle fut incorporée à la Suisse en 1815. C'est la patrie de J.-J. Rousseau et de Necker.

MUNICH.

Aujourd'hui une des plus belle villes de l'Allemagne. Belles rues, palais, hôtels, maisons élégantes. Elle est commerçante et ornée de beaux monuments.

Presque entièrement brûlée en 1448, elle fut prise par les Suédois en 1632, par les Autrichiens en 1704, 1741, 1743. Les Français l'occupèrent de 1800 à 1813.

STUTTGARD.

Elle a 35,000 habitants, de beaux monuments, de belles promenades; les environs en sont délicieux, elle compte plusieurs écoles illustres.

Elle fut assiégée par Rodolphe Ier. —Depuis un siècle elle est très-embellie.

HANOVRE,

26,330 habitants; elle se divise en trois parties; bien bâtie et régulière en général. Château royal, Hôtel-de-ville, bibliothèque, monument en l'honneur de Leibnitz, qui y mourut en 1716. Elle est la patrie des deux Schlégel; faisait autrefois partie de la ligue hanséatique.

DRESDE.

71,000 habitants. Ville commerçante et savante bâtie sur l'Elbe et le Weiséritz. Elle se divise en trois parties. Elle a un beau palais royal, une belle église catholique et un beau pont. Elle fut ravagée par les armées dans la guerre de sept ans. Ses fortifications furent détruites en 1815. Elle fut le théâtre d'une victoire remportée par Napoléon Ier sur les Autrichiens, les Russes et les Prussiens, le 27 août 1813.

BERLIN.

Elle compte 354,000 habitants, est située sur les bords de la Sprée. Le palais du roi, le musée égyptien et l'opéra sont dignes de l'admiration des étrangers. Son université est des plus célèbres; elle a beaucoup de sociétés savantes. Industrie très-active, surtout dans les tissus.

Fondée de 1206 à 1220 par Albert II, margrave de Brandebourg, elle ne commença à être importante que sous Frédéric-Guillaume. Berlin fut occupée par les Autrichiens et les Russes en 1760, et par les Français en 1806, après la bataille d'Iéna.

VIENNE.

358,000 habitants. Elle a de superbes églises (Saint-Étienne, Saint-Pierre); on y remarque le Belvédère, les Invalides, une foule de collèges renommés; collections en tout genre; grand commerce avec la Hongrie et la Transylvanie.

Aux environs, on admire les magnifiques palais de Schœnbrunn et de Lachsenburg.

Vienne n'était qu'un village quand Auguste conquit la Pannonie. La maison de Hapsbourg, en la prenant pour capitale, fut cause de sa grandeur. Elle fut prise par Mathias Corvin à la fin du moyen âge Assiégée par les Turcs, elle ne dut son salut qu'à Sobieski et à ses Polonais (1683). Elle fut deux fois au pouvoir de Napoléon (1805-1809). — C'est dans cette ville qu'eut lieu le congrès de Vienne où les puissances alliées réglèrent le sort de la France.

Contrées du Sud.

TURIN.

125,000 habitants. Une des plus belles villes de l'Europe. Elle est bâtie sur le Pô et la Doire. Elle compte beaucoup de monuments remarquables. Son musée égyptien n'a pas d'égal; elle possède une foule d'écoles. Son commerce est développé.

Cette ville, d'origine gauloise, conquise par les Romains et embellie par Auguste, acquit une grande importance lors de la réunion du Piémont à la Savoie. Les Français l'assiégèrent à plusieurs reprises. Le siége de 1706 est au nombre des plus célèbres. Elle fut occupée et démantelée par les Français en 1800. Elle resta comprise dans l'Empire français jusqu'en 1814.

CHAMBÉRY.

Ville des États-Sardes. 13,000 habitants. Archevêché, Société académique, Société d'agriculture, Musée, bibliothèque. Belles rues; quelque industrie. C'est la patrie de Saint-Réal et de De Maistre. Son histoire n'a rien de remarquable. Sa fondation date du milieu du moyen-âge. Elle appartint aux Français de 1792 à 1815.

FLORENCE.

Ville délicieuse, bâtie sur l'Arno, embellie par des monuments remarquables, possède de beaux jardins, de magnifiques tableaux, Elle a beaucoup d'établissements scientifiques, de belles fabriques, une industrie très-étendue. C'est la patrie des Médicis, du Dante, de Machiavel et de Léon X.

Florence existait du temps des Étrusques. Stilicon, général des Romains, y remporta une grande victoire sur Radagaise. Ruinée par Totila et Narsès, relevée par Charlemagne, elle parvint d'abord à une haute puissance. Dans la suite, elle fut déchirée par la rivalité des Guelfes et des Gibelins; enfin elle s'abandonna aux Médicis qui la rendirent prospère. Elle fut érigée en grand duché. A Florence, eut lieu ce concile œcuménique qui fut la suite de celui de Bâle et de Constance.

ROME.

Bâtie sur les deux rives du Tibre et principalement sur la rive gauche ou orientale, Rome, autrefois capitale de l'empire romain, est maintenant capitale de l'État ecclésiastique et résidence du pape. Elle compte 165,000 habitants, son emplacement occupe 12 collines, mais elle est presque déserte. Ses plus beaux monuments sont le Vatican, l'église Saint-Pierre, le palais Saint-Ange, Sainte-Marie-Majeure et les ruines du Colysée. Elle a une foule de villas ou maisons de campagne, où sont réunis les plus beaux tableaux, les antiquités les plus curieuses. L'industrie y est peu développée et le climat malsain.

Rome, fondée 753 ans avant Jésus-Christ, ne fut d'abord qu'un repaire de brigands; jusqu'en 509 elle fut, dit-on, gouvernée par sept rois, mais l'histoire de ces rois paraît loin d'être authentique. Érigée en république, elle fut longtemps divisée entre les patriciens et le peuple. Ses voisins profitèrent de ces discordes pour lui faire une guerre active; les Gaulois, sous la conduite de Brennus, la brûlèrent. Camille sauva le Capitole; les Samnites la mirent à deux doigts de sa perte; malgré tous ces revers, Rome agrandit toujours son empire. Sortant de l'Italie, elle s'attaqua à Carthage en voulant lui enlever la Sicile. Après bien des revers, elle triompha. Scylla et Marius, Pompée, César et Crassus, Octave, Antoine et Lépide, la décimèrent par leurs cruautés et leurs proscriptions. Auguste la soumit; elle s'amollit sous les empereurs, et Alaric, ainsi que Genséric, chefs des barbares, purent venir tour à tour lui arracher les dépouilles du monde qu'elle s'était appropriées.

Rome, devenue tour à tour la proie de l'empire grec et des Lombards, appela Charlemagne qui la rendit libre et la donna au pape, mais ce pouvoir mal affermi chancela et s'abattit, jusqu'à ce que les papes Médicis l'eussent définitivement consolidée; son sort alors s'améliora beaucoup. Les orages révolutionnaires troublèrent cette tranquillité, mais la tempête passa, et Rome, aujourd'hui encore, est le siège du pouvoir papal.

NAPLES.

Bâtie en amphithéâtre sur le golfe de Naples. 390,000 habitants; la basse classe misérable et fainéante y fourmille; on nomme ceux qui en font partie lazzarone; les rues y sont étroites, obscures et montueuses; elle est entourée de beaux et vastes jardins, a de magnifiques monuments, la cathédrale, l'église Sainte-Claire, le théâtre Saint-Charles, etc., de riches couvents. L'industrie y est active, les beaux arts bien cultivés.

Colonie de Cumes, elle fut soumise par les Romains; seule, ayant osé résister à Bélisaire, elle fut prise d'assaut (541). Indépendante des Lombards, elle devint une espèce de république jusqu'à ce qu'elle se fût donnée à Roger II. S'étant déclarée pour Innocent IV contre les Gibelins, Conrad IV rasa ses murs (1250). Charles VIII, de France, conquit et perdit Naples (1495). Louis XII y entra en 1500. Lautrec, aidé de Doria, l'assiégea et ne la prit pas. Les Français, sous les ordres de Championnet, la prirent en 1799, et y établirent une république qui fut de peu de durée. Naples subit, en 1820, une révolution qui fut, dès 1821, comprimée par l'Autriche.

MADRID.

Elle est située dans une plaine aride, sans eau ni verdure; 300,000 habitants. A peu de distance sont les châteaux royaux de l'Escurial et d'Aranjuez; elle a de beaux monuments, parmi lesquels on remarque : le palais de la reine, le musée royal, l'arsenal, le pont de Ségovie, l'arc de triomphe d'Alcala. L'industrie y est peu développée, le commerce médiocre.

Madrid n'était qu'un hameau du temps des Romains; les Maures la prirent, la fortifièrent en 1109. Henri III la répara et l'agrandit en 1400; elle devint capitale sous Philippe II, en 1563; les Français la possédèrent en 1808.

LISBONNE.

Sur la droite du Tage, près de son embouchure, aspect pittoresque et imposant. La vieille ville est laide. La nouvelle, qui est plus considérable, offre des rues droites et larges. Port excellent. La cathédrale, les églises Saint-Roch, Saint-Antoine, plusieurs couvents sont remarquables; les lettres et les arts y sont bien cultivés; beaucoup d'industrie, commerce très-étendu.

Fondée par les Phéniciens, peu importante sous les Romains, Lisbonne devint florissante sous les Arabes. Alphonse Ier la prit aux Maures, 1147. Elle fut détruite en 1735 par un tremblement de terre. Elle est la patrie du Camoëns.

CONSTANTINOPLE.

Cette ville, qui compte 600,000 habitants, fut bâtie par Constantin sur l'emplacement de l'ancienne Byzance, dans la plus belle position de l'Europe. Son port, ses arsenaux, ses casernes en font la ville la plus forte de l'univers. Rues étroites et sales. 344 mosquées, dont les plus belles sont : l'ancienne église de Sainte-Sophie, les mosquées du sultan Achmet, du sultan Soliman; beaucoup de colléges; belles casernes; célèbre château des Sept-Tours, qui sert de prison d'État. Les environs de la ville sont charmants; les côtes sont partout bordées de maisons de campagnes délicieuses.

Conquise par les Romains sur les Grecs, elle continua l'empire romain, mort en Italie, jusqu'à la fin du moyen-âge. Avec des princes faibles, plutôt habiles théologiens que sages administrateurs, tombant peu à peu vers sa ruine, quelquefois relevée par de brillants, mais rares génies, elle fut prise par les Croisés, puis par les Turcs qui, après plusieurs siéges, s'en emparèrent en 1453. Elle appartient encore à ce peuple.

ATHÈNES.

Chef-lieu de la Grèce orientale ; 15,000 habitants ; elle n'a plus maintenant que des ruines et son nom pour se rappeler au souvenir de l'homme.

Fondée en 1643 avant J.-C. par Cécrops, chef d'une colonie égyptienne, elle fut d'abord gouvernée par des rois. En 1138, elle s'érigea en république, retomba sous les Pisistratides, dont elle secoua le joug (510) : c'est alors que s'ouvrit pour elle la période de gloire. Solon, Miltiade, Thémistocle, Périclès, Thrasibule parurent pour la gouverner ou la délivrer de ses ennemis. Sa décadence date de Philippe de Macédoine, et si elle se releva par intervalles, ce ne fut que pour attirer sur elle de plus grandes calamités. Elle fut prise par Sylla qui la dévasta. Devenue province romaine, son histoire disparaît dans celle de l'empire romain et de l'empire grec. Les Romains toutefois respectèrent cette reine des belles-lettres et des beaux-arts, mais les Turcs grossiers lui ravirent jusqu'à son nom ; ils la nommèrent Sétines.

Toutefois, lassés de tant de malheurs, les fils des héros ont depuis long-temps essayé de reconquérir la liberté ; ils ont secoué le joug (1821), et aujourd'hui Athènes est libre.

Paris. — Typ. et Lith. Appert fils et Vavasseur, passage du Caire, 54.

www.ingramcontent.com/pod-product-compliance
Ingram Content Group UK Ltd.
Pitfield, Milton Keynes, MK11 3LW, UK
UKHW012313240726
13966UKWH00005B/1850

9 782011 941084